Gespräche für Freimaurer

AF530149

Gotthold Ephraim Lessing

Alpha Editions

This edition published in 2022

ISBN : 9789356709324

Design and Setting By
Alpha Editions
www.alphaedis.com
Email - info@alphaedis.com

As per information held with us this book is in Public Domain.
This book is a reproduction of an important historical work. Alpha Editions uses the best technology to reproduce historical work in the same manner it was first published to preserve its original nature. Any marks or number seen are left intentionally to preserve its true form.

ERSTES GESPRÄCH

ERNST

Woran denks du, Freund?

FALK

An nichts.

ERNST

Aber du bist so still.

FALK

Eben darum. Wer dekt, wenne er geniesst? Und ich geniesse des erquickenden Morgens.

ERNST

Du hast recht; und du hättest mir meine Frage nur zurückgeben dürfen.

FALK

Wenn ich an etwas dächte, würde ich darüber sprechen. Nichts geht über das laut denken mit einem Freund.

ERNST

Gewiss.

FALK

Hast du des schönen Morgens schon genug genossen, fällt dir etwas ein: so sprich du Mir fällt nichts ein.

ERNST

Gut das!—Mir fällt ein, dass ich dich schon längst um tewas fragen wollen.

FALK

So frage doch.

ERNST

Ist es wahr, Freund, dass du ein Freimäurer bist?

FALK

Die Frage ist eines, der keiner ist.

ERNST

Freilich!—Aber antworte mir geradezu.—Bist du ein Freimäurer?

FALK

Ich glaube es zu sein.

ERNST

Die Antwort ist eines, der seiner Sache eben nicht gewiss ist.

FALK

O doch! Ich bin meiner Sache so ziemlich gewiss.

ERNST

Denn du wirst ja wohl wissen, ob und wenn und wo und von wem du aufgenommen worden.

FALK

Das weiss ich allerdings; aber das würde so viel nicht sagen wollen.

ERNST

Nicht?

FALK

Wer nimmt nicht auf, und wer wird nicht aufgenommen!

ERNST

Erkläre dich.

FALK

Ich glaube ein Freimäurer zu sein; nicht sowohl, weil ich von älteren Maurern in einer gesetzlichen Loge aufgenommen worden: sondern weil ich einsehe und erkenne, was und warum die Freimäurerei ist, wenn und wo sie gewesen, wie und wodurch sie befördet oder gehindert wird.

ERNST

Und drückst dich gleichwohl so zweifelhaft aus?—"Ich glaube einer zu sein!"

FALK

Dieses Ausdrücks bin ich nun so gewohnt. Nicht zwar, als ob ich Mangel an eigner Ueberzeugung hätte: sondern weil ich nicht gern mich jemanden gerade in den Weg stellen mag.

ERNST

Du antwortest mir als einem Fremden.

FALK

Fremder oder Freund!

ERNST

Du bist aufgenommen, du weisst alles.

FALK

Andere sind auch aufgenommen und glauben zu wissen.

ERNST

Könntest du denn aufgenommen sein, ohne zu wissen, was du weisst?

FALK

Leider!

ERNST

Wieso?

FALK

Weil viele, welche aufnehmen, es selbst nicht wissen, die wenigen aber, die es wissen, es nicht sagen können.

ERNST

Und könntest du denn wissen, was du weiszt, ohne aufgenommen zu sein?

FALK

Warum nicht?—Die Freimäurerei ist nichts Willkürliches, nichts Entbehrliches, sondern etwas Notwendiges, das in dem Wesen des Menschen und der bürgerlichen Gesellschaft gegründet ist. Folglich muss man auch durch eignes Nachdenken ebensowohl darauf verfallen können, als man durch Anleitung darauf geführet wird.

ERNST

Die Freimäurerei wäre nichts Willkürliches?—Hat sie nicht Worte und Zeichen und Gebräuche, welche alle anders sein könnten und folglich willkürlich sind?

FALK

Das hat sie. Aber diese Worte und diese Zeichen und Gebräuche sind nicht die Freimäurerei.

ERNST

Die Freimäurerei wäre nichts Entbehrliches?—Wie machten es denn die Menschen, als die Freimäurerei noch nicht war?

FALK

Die Freimäurerei war immer.

ERNST

Nun, was ist sie denn, diese notwendige, diese untentbehrliche Freimäurerei?

FALK

Wie ich dir schon zu verstehen gegeben: Etwas das selbst die, die es wissen, nicht sagen können.

ERNST

Also ein Unding.

FALK

Uebereile dich nicht.

ERNST

Wovon ich einen Begriff habe, das kann ich auch mit Worten ausdrücken.

FALK

Nicht immer; und oft wenigsten nicht so, dass andere durch Worte volkommen ebendenselben Begriff bekommen, den ich dabei habe.

ERNST

Wenn nicht vollkommen ebendenselben, doch einen etwanigen.

FALK

Der etwanige Begriff wäre hier unnütz oder gefährlich. Unnütz, wenn er nicht genug, und gefährlich, wenn er das geringste zu viel enthielte.

ERNST

Sonderbar! Da also selbst die Freimäurer, welche das Geheimnis ihres Ordens wissen, es nicht wörtlich mitteilen können, wie breiten sie denn gleichwohl ihren Orden aus?

FALK

Durch Taten. Sie lassen gute Männer und Jûnglinge, die sie ihres nähern Umgangs würdigen, ihre Taten vermuten, erraten, sehen, soweit sie zu sehen sind; diese finden Geschmack daran und tun ähnliche Taten.

ERNST

Taten? Taten der Freimäurer? Ich kenne keine andere als ihre Reden und Lieder, die meistenteils schöner gedruckt als gedacht und gesagt sind.

FALK

Das haben sie mit mehrern Reden und Liedern gemein.

ERNST

Oder soll ich das für ihre Taten nehmen, was sie in diesen Reden und Liedern von sich rühmen?

FALK

Wenn sie es nicht bloss von sich rühmen.

ERNST

Und was rühmen sie denn von sich?—Lauter Dinge, die man von jedem guten Menschen, von jedem rechschaffnen Bürger erwartet.—Sie sind so freundlich, so guttätig, so gehorsam, so voller Vaterlandsliebe!

FALK

Ist denn das nichts?

ERNST

Nichts!—um sich dadurch von andern Menschen auszusondern.—Wer soll das nicht sein?

FALK

Soll!

ERNST

Wer hat, dieses zu sein, nicht, auch ausser der Freimäurerei, Antrieb und Gelegenheit genug?

FALK

Aber doch in ihr und durch sie eine Antrieb mehr.

ERNST

Sage mir nichts von der Menge der Antriebe. Lieber einem einzigen Antriebe alle mögliche intensive Kraft gegeben!—Die menge solcher Antriebe ist wie die Menge der Räder in einer Maschine. Je mehr Räder: desto wandelbarer.

FALK

Ich kann dir das nicht widersprechen.

ERNST

Und was für einen Antrieb mehr!—Der alle andre Antriebe verkleinert, verd¨chtig macht! sich selbst für den stärksten und besten ausgibt!

FALK

Freund, sei billig!—Hyperbel, Quidproquo jener schalen Reden und Lieder! Proberwerk! Jüngerarbeit!

ERNST

Das will sagen: Bruder Redner ist ein Schwätzer.

FALK

Das will nur sagen: was Bruder Redner an den Freimäurern preiset, das sind nun freilich ihre Taten eben nicht. Denn Bruder Redner ist wenigstens kein Plauderer; und Taten sprechen von selbst.

ERNST

Ja, nun merke ich, worauf du zielest. Wie konnten sie mir nicht gleich einfallen, diese Taten, diese sprechende Taten. Fast möchte ich sie schreiende nennen. Nicht genug, dass sich die Freimäurer einer den andern unterstützen, auf das kräfstigste unterstützen: denn das wäre nur die notwendige Eigenschaft einer jeden Bande. Was tun sie nicht für das gesamte Publikum eines jeden Staats, dessen Glieder sie sind!

FALK

Zum Exempel?—Damit ich doch höre, ob du auf der rechten Spur bist.

ERNST

Zum Exempel die Freimäurer in Stockholm!—Haben sie nicht ein grosses Findelhaus errichtet?

FALK

Wenn die Freimäurer in Stockholm sich nur auch bei einer andern Gelegenheit tätig erwiesen haben.

ERNST

Bei welchem andern?

FALK

Bei sonst andern, meine ich.

ERNST

Und die Freimäurer in Dresden, die arme junge Mädchen mit Arbeit beschäftigen, sie klöppeln und stükken lassen—damit das Findelhaus nur kleiner sein dürfe.

FALK

Ernst! Du weisst wohl, wenn ich dich deines Namens erinnere.

ERNST

Ohne alle Glossen dann. Und die Freimäurer in Braunschweig, die arme fähige Knaben im Zeichnen unterrichten lassen.

FALK

Warum nicht?

ERNST

Und die Freimäurer in Berlin, die das Basedowsche Philanthropin unterstützen.

FALK

Was sagst du?—Die Freimäurer? Das Philanthropin? unterstützen?—Wer hat dir das aufgebunden?

ERNST

Die Zeitung hat es ausposaunet.

FALK

Die Zeitung!—Da müsste ich Basedows eigenhändige Quittung sehen. Und müsste gewiss sein, dass die Quittung nicht an Freimäurer in Berlin, sondern an die Freimäurer gerichtet wäre.

ERNST

Was ist das?—Billigest du denn Basedows Institut nicht?

FALK

Ich nicht? Wer kann es mehr billigen?

ERNST

So wirst du ihm ja diese Unterstützung nicht misgönnen?

FALK

Misgönnen?—Wer kann ihm alles Gutes mehr gönnen als ich?

ERNST

Nun dann!—Du wirst mir unbegreiflich.

FALK

Ich glaube wohl. Dazu habe ich unrecht.—Denn auch die Freimäurer können etwas tun, was sie nicht als Freimäurer tun.

ERNST

Und soll das an allen auch ihren übrigen guten taten gelten?

FALK

Vielleicht!—Vielleicht, dass alle die guten Taten, die du mir da genammt hast, um mich eines scholastischen Ausdruckes der Kürze wegen zu bedienen, nur ihre Taten ad extra sind.

ERNST

Wie meinst du das?

FALK

Nur ihre Taten, die dem Volke in die Augen fallen;—nur Taten, die sie bloss deswegen tun, damit sie dem Volk in die Augen fallen sollen.

ERNST

Um Achtung und Duldung zu geniessen?

FALK

Könnte wohl sein.

ERNST

Aber ihre wahre Taten denn?—Du schweigst?

FALK

Wenn ich dir schon geantwortet hätte?—Ihre wahre Taten sind ihr Geheimnis.

ERNST

Ha! ha! Also auch nicht erklärbar durch Worte?

FALK

Nicht wohl!—Nur so viel kann und darf ich dir sagen: die wahren Taten die Freimäurer sind so gross, so weit aussehend, dass ganze Jahrhunderte vergehen können, ehe man sagen kann: das haben sie getan! Gleichwohl haben sie alles Gute getan, was noch in der Welt werden wird—merke wohl, in der Welt.

ERNST

O geh! Du hast mich zum besten.

FALK

Wahrlich nicht—Aber sieh! dort fliegt ein Schmetterling, den ich haben muss. Es ist der von der Wolfmichsraupe.—Geschwind sage ich dir nur noch: die wahren Taten der Freimäurer zielen dahin, um grösstenteils alles, was man gemeinlich gute Taten zu nennen pflegt, entbehrlich zu machen.

ERNST

Und sind doch auch gute Taten?

FALK

Es kann keine bessere geben.—Denke einen Augenblick darüber nach. Ich bin gleich wieder bei dir.

ERNST

Gute Taten, welche darauf zielen, gute taten entbehrlich zu machen?— Das ist ein Rätsel. Und über ein Rätsel denke ich nicht nach.—Lieber lege ich mich indes unter den Baum und sehe den Ameisen zu.

ZWEITES GESPRÄCH

ERNST

Er lockte mich von Strauch bis an den Bach.—Auf einmal war er herüber.

ERNST

Ja, ja. Es gibt solche Locker!

FALK

Hast du nachgedacht?

ERNST

Ueber was? Ueber deine Rätsel?—Ich werde ihn auch nicht fangen, den schönen Schmetterling! Darum soll er mir aber auch weiter keine Mühe machen.—Einmal von der Freimäurern mit dir gesprochen und nie wieder. Denn ich sehe ja wohl; du bist wie sie alle.

FALK

Wie sie alle? Das sagen diese alle nicht.

ERNST

Nicht? So gibt es ja wohl auch Ketzer unter den Freimäurern? Und du wärest einer.—Doch alle Ketzer haben mit den Rechtgläubingen immer noch etwas gemein. Und davon sprach ich.

FALK

Wovon sprachst du?

ERNST

Rechtgläubinge oder ketzerische Freimäurer—sie alle spielen mit Worten und lassen sich fragen und antworten, ohne zu antworten.

FALK

Meinst du?—Nun wohl, so lass uns von etwas andern reden. Denn einmal hast du mich aus dem behaglichen Zustande des stummen Staunens gerissen.

ERNST

Nichts ist leichter, als dich in diesen Zustand wieder zu versetzen.—Lass dich nur hier bei mir nieder und sieh!

FALK

Was denn?

ERNST

Das Leben und Weben auf und in und um diesen Ameisenhaufen. Welche Geschäftigkeit und doch welche Ordnung! Alles trägt und schleppt und schiebt; und keines ist dem andern hinderlich. Sieh nur? Sie helfen einander sogar.

FALK

Die Ameisen leben in Gesellschaft wie die Bienen.

ERNST

Und in einer noch wunderbarern Gesellschaft als die die Bienen. Denn sie haben niemand unter sich, der sie zusammenhält und regieret.

FALK

Ordnung muss also doch auch ohne Regierung bestehen können.

ERNST

Wenn jedes einzelne sich selbst zu regieren weiss: warum nicht?

FALK

Ob es wohl auch einmal mit den Menschen dahin kommen wird?

ERNST

Wohl schwerlich!

FALK

Schade!

ERNST

Jawohl!

FALK

Steh auf und lass uns gehen. Denn sie werden dich bekriechen, die Ameisen; und eben fällt auch mir etwas bei, was ich bei dieser Gelegenheit dich doch fragen muss.—Iche kenne deine Gesinnungen darüber noch gar nicht.

ERNST

Worüber?

FALK

Ueber die bürgerliche Gesellschaft des Menschen überhaupt.—Wofür hälst du sie?

ERNST

Für etwas sehr Gutes.

FALK

Ohnestreitig.—Aber hälst du sie für Zweck oder Mittel?

ERNST

Ich verstehe dich nicht.

FALK

Glaubst du, dass die Menschen für die Staaten erschaffen werden? Oder dass die Staaten für die Menschen sind?

ERNST

Jenes scheinen einige behaupten zu wollen. Dieses aber mag wohl das Wahrere sein.

FALK

So denke ich auch.—Die Staaten vereinigen die Menschen, damit durch diese und in dieser Vereinigung jeder einzelme Mensch seinen Teil von Glückseligkeit desto besser und sichrer geniessen könne.—Das Totale der einzeln Glückseligkeiten aller Glieder ist die Glückseligkeit des Staats, bei welcher auch noch so wenig einzelme Glieder leiden und leiden müssen, ist Bemäntelung der Tyrannei. Anders nichts!

ERNST

Ich möchte das nicht so laut sagen.

FALK

Warum nicht?

ERNST

Eine Wahrheit, die jeder nach seiner eignen Lage beurteilet, kann leicht gemissbraucht werden.

FALK

Weisst du, Freund, dass du schon ein halber Freimäurer bist?

ERNST

Ich?

FALK

Du. Denn du erkennst ja schon Wahrheiten, die man besser verschweigt.

ERNST

Aber doch sagen könnte.

FALK

Der Weise kann nicht sagen, was er besser verschweigt.

ERNST

Nun, wie du wilst!—Lass uns auf die Freimäurer nicht wieder zurückkommen. Ich mag ja von ihnen weiter nichts wissen.

FALK

Verzeih!—Du siehst wenigstens meine Bereitwilligkeit, dir mehr von ihnen zu sagen.

ERNST

Du spottest!—Gut! das bürgerliche Leben des Menschen, alle Staatsverfassungen sind nichts als Mittel zur menschlichen Glückseligkeit. Was weiter?

FALK

Nichts als Mittel! Und Mittel menschlicher Erfindung; ob ich gleich nicht leugnen will, dass die Natur alles so eingerichtet, dass der Mensch, sehr bald auf diese Erfindung geraten müssen.

ERNST

Nun? wo bleibst du denn? Und hast den Schmeterling doch nicht?

FALK

Dieses hat denn auch gemacht, dass einige die bürgerliche Gesellschaft für Zweck der Natur gehalten. Weil alles, unsere Leidenschaften und unsere Bedürfnisse, alles darauf führe, sei sie folglich das letzte, worauf die Natur gehe. So schlossen sie. Als ob die Natur nicht auch die Mittel zweckmässig hervorbringen müssen! Als ob die Natur mehr die Glückseligkeit eines abgezogenen Begriffs—wie Staat,, Vaterland und dergleichen sind—als die Glückseligkeit jedes wirklichen einzeln Wesens zur Absicht gehabt hätte!

FALK

Sehr gut! Du kömmst mir auf dem rechten Wege entgegen. Denn nun sage mir; wenn die Staatsverfassungen Mittel, Mittel menschlicher Erfindungen sind; sollten sie allein von dem Schicksale menschlicher Mittel ausgenommen sein?

ERNST

Was nennst du Schicksale menschlicher Mittel?

FALK

Das, was unzertrennlich mit menschlichen Mitteln verbunden ist; was sie von göttlichen unfehlbaren Mitteln unterscheidet.

ERNST

Was ist das?

FALK

Das sie nicht unfehlbar sind. Dass sie ihrer Absicht nicht allein öfters nicht entsprechen, sondern auch wohl gerade das gegenteil davon bewirken.

ERNST

Ein Beispiel! wenn dir eines einfällt

FALK

So sind Schiffahrt und Schiffe Mittel, in entlegene Länder zu kommen; und werden Ursache, dass viele Menschen nimmermehr dahin gelangen.

ERNST

Die nämlich Schiffbruch leiden und ersaufen. Nun glaube ich dich zu verstehen.—Aber man weiss ja wohl, woher es kömmt, wenn so viel einzelne Menschen durch die Staatsverfassung an ihrer Glückseligkeit nichts gewinnen. Der Staatsverfassungen sind viele; eine ist also besser als die andere; manche ist sehr fehlerhaft, mit ihrer Absicht ofenbar streitend; und die beste soll vielleicht noch erfunden werden.

FALK

Das ungerechnet! Setze die beste Staatsverfassung, die sich nur denken lässt, schon erfunden; setze, dass alle Menschen in der ganzen Welt diese beste Staatsverfassung angenommen haben: meinst du nicht, dass auch dann noch, slebst aus dieser besten Staatsverfassung, Dinge entspringen müssen, welche der menschlichen Glückseligkeit höchst nachteilig sind, und wovon der mensch in dem Stande der Natur schlechterdings nichts gewusst hätte?

ERNST

Ich meine, wenn dergleichen Dinge aus der besten Staatsverfassung entsprängen, dass es sodann die beste Staatsverfassung nicht wäre.

FALK

Und eine bessere möglich wäre?—Nun, so nehme ich diese bessere als die beste an: und frage das nämliche.

ERNST

Du scheinest mir hier bloss von vorneherein aus dem angenommenen Begriffe zu vernünfieln, dass jedes Mittel menschlicher Erfindung, wofür du die Staatsverfassungen samt und sonders erklärest, nicht anders als mangelhaht sein könne.

FALK

Nicht bloss.

ERNST

Und es würde dir schwer werden, eins von jenen nachteiligen Dingen zu nennen.

FALK

Die auch aus der besten Staatsverfassung notwending entspringen müssen?—O zehne für eines.

ERNST

Nur eines erst.

FALK

Wir nehmen also die beste Staatsverfassung für erfunden an; wir nehmen an, dass alle Menschen in der Welt in dieser besten Staatsverfassung leben: würden deswegen alle Menschen in der Welt nur einen Staat ausmachen?

ERNST

Wohl schwerlich. Ein so ungeheurer Staat würde keiner Verwaltung fähig sein. Er müsste sich also in mehrere kleine Staaten verteilen, die alle nach den namlichen Gesetzen verwaltet würden.

FALK

Das ist: die Menschen würden auch dann noch Deutsche und Franzosen, Holländer und Spanier, Russen und Schweden sein, oder wie sie sonst heissen würden.

ERNST

Ganz gewiss!

FALK

Nun, da haben wir ja schon eines. Denn nicht wahr, jeder dieser kleinern Staaten hätte sein eignes Interesse? und jedes Glied derselben hätte das Interesse seines Staats?

ERNST

Wie anders?

FALK

Diese verschiedene Interesse würden öfters in Kolision kommen, so wie itzt: und zwei Glieder aus zwei verschiedenen Staaten würden einander ebensowenig mit unbefangenem Gemüt begegnen können, als itzt ein Deutscher einem Franzose, ein Franzose einem Engländer begegnet.

ERNST

Seht wahrscheinlich!

FALK

Das ist: wenn itzt ein Deutscher einem Franzosen, ein Franzose einem Engländer oder umgekehrt begegnet, so begegnet nicht mehr ein blosser Mensch einem blossen Menschen die vermöge ihrer gleichen Natur gegeneinander angezogen werden, sondern ein solcher Mensch begegnet einem solchen Menschen, die ihrer verschiednen Tendenz sich bewusst sind, welches sie gegeneinander kalt, zurückhaltend, misstrauisch macht, noch ehe sie führ ihre einzelne Person das geringste miteinander zu schaffen und zu teilen haben.

ERNST

Das ist leider wahr.

FALK

Nun, so ist es denn auch wahr, dass das Mittel, welches die Menschen vereiniget, um sie durch diese Vereinigung ihres Glückes zu versichern, die Menschen zugleich trennet.

ERNST

Wenn du es so verstehest.

FALK

Tritt einen Schritt weiter. Viele von den kleinern Staaten würden ein ganz verschiedenes Klima, folglich ganz verschiedene Bedürfnisse und Befriedigungen, folglich ganz verschiedene Gewohnheiten und Sitten, folglich ganz verschiedene Sittenlehren, folglich ganz verschiedene Religionen haben. Meinst du nicht?

ERNST

Das ist ein gewaltiger Schritt!

FALK

Die Menschen würden auch dann noch Juden und Christen und Türken und dergleichen sein.

ERNST

Ich getraue mir nicht nein zu sagen.

FALK

Würden sie das, so würden sie auch, sie möchten heissen, wie sie wollten, sich untereinander nicht anders verhalten, als sich unsere Christen und Juden und Türken von jeher untereinander verhalten haben. Nicht als blosse Menschen gegen blosse Menschen, sondern als solche Menschen gegen solche Menschen, die sich einen gewissen geistigen Vorzug streitig machen und darauf Rechte gründen, die dem natürlichen Menschen nimmermehr einfallen könnten.

ERNST

Das ist sehr traurig, aber leider doch sehr vermutlich.

FALK

Nur vermutlich?

ERNST

Denn allenfalls dächte ich doch, so wie du angenommen hast, das alle Staaten einerlei Verfassung hätten, dass sie auch wohl eine einerlei

Religion haben könnten. Ja, ich begreife nicht, wie einerlei Staatsverfassung ohne einerlei Religion auch nur möglich ist.

FALK

Ich ebensowenig.—Auch nahm ich jenes nur an, um deine Ausflucht abzuschneiden. Eines ist zuverlässig ebenso unmöglich als das andere. Ein Staat: mehrere Staaten. Mehrere Staaten: mehrere Staatverfassungen. Mehrere Staatverfassungen: mehrere Religionen.

ERNST

Ja, ja, so scheint es.

FALK

So ist es.—Nun sieh da das zweite Unheil, welches die bürgerliche Gesellschaft, ganz ihrer Absicht entgegen, verursacht. Sie kann die Menschen nicht vereinigen, ohne sie zu trennen; nicht trennen, ohne Klüfte zwischen ihnen zu befestigen, ohne Scheidemauern durch sie hinzuziehen.

ERNST

Und wie schrecklich diese Klüfte sind! wie unübersteiglich oft diese Scheidemauern!

FALK

Lass mich noch das dritte hinzufügen. Nicht genug, dass die bürgerliche Gesellschaft die Menschen in verschiedene Völker und Religionen teilet und trennet.—Diese Trennung in wenige grosse Teile, deren jeder für sich ein Ganzes wäre, wäre doch immer noch besser als gar kein Ganzes. Nein, die bürgerliche Gesellschaft setzt ihre Trennung auch in jedem dieser Teile gleichsam bis ins Unendliche fort.

ERNST

Wieso?

FALK

Oder meinest du, dass ein Staat sich ohne Verscheidenheit von Ständen denken lässt? Er sei gut oder schlecht, der Vollkommenheit mehr oder weiniger nahe: unmöglich können alle Glieder desselben unter sich das nämliche Verhältnis haben.—Wenn sie auch alle an der Gestzgebung Anteil haben, so können sie doch nict gleichen Anteil haben, wenigstens nicht gleich unmittelbaren Anteil. Es wird also vornehmere und geringere Glieder geben.—Wenn anfangs auch alle Besitzungen des Staats unter sie gleich verteilet worden, so kann diese gleiche Verteilung doch keine zwei

Menschenalter bestehen. Einer wird sein Eigentum besser zu nutzen wissen als der andere. Einer wird sein schlechter genutztes Eigentum gleichwohl unter mehrere Nachkommen zu verteilen haben als der andere. Es wird also reichere und ärmere Glieder geben.

ERNST

Das versteht sich.

FALK

Nun überlege, wieviel Uebel es in der Welt wohl gibt, das in dieser Verschiedenheit der Stände seinen Grund nicht hat.

ERNST

Wenn ich dir doch widersprechen könnte!—Aber was hatte ich für Ursache, dir überhaupt zu widersprechen?—Nun ja, die Menschen sind nur durch Trennung zu vereinigen! nur durch unaufhörliche Trennung in Vereinigung zu erhalten! Das ist nun einmal so. Das kann nun nicht anders sein.

FALK

Das sage ich eben!

ERNST

Also, was willst du damit? Mir das bürgerliche Leben dadurch verleiden? Mich wünschen machen, dass den Menschen der Gedanke, sich in Staaten zu vereinigen, nie möge gekommen sein?

FALK

Verkennst du mich so weit?—Wenn die bürgerliche Gesellschaft auch nur das Gute hätte, dass allein in ihr die menschliche Vernunft angebauet werden kann: ich würde sie auch bei weit grössern Uebeln noch segnen.

ERNST

Wer des Feuers geniessen will, sagt das Sprichwort, muss sich den Rauch gefallen lassen.

FALK

Allerdings!—Aber weil der Rauch bei dem Feuer unvermeidlich ist: durfte man darum keinen Rauchfang erfinden? Und der den Rauchfang erfand, war der darum ein Feind des Feuers?—Sieh, dahin wollte ich.

ERNST

Wohin?—Ich verstehe dich nicht.

FALK

Das Gleichnis war doch sehr passend.—Wenn die Menschen nicht anders in Staaten vereiniget werden konnten als durch jene Trennungen: werden sie darum gut, jene trennungen?

ERNST

Das wohl nicht.

FALK

Werden sie darum heilig, jene Trennungen?

ERNST

Wie heilig?

FALK

Dass er verboten sein sollte, Hand an sie zu legen?

ERNST

In Absicht?...

FALK

In Absicht, sie nicht grösser einreissen zu lassen, als die Notwendigkeit erfordert. In Absicht, ihre Folgen so unschädlich zu machen als möglich.

ERNST

Wie könnte das verboten sein?

FALK

Aber geboten kann es doch auch nicht sein; durch bürgerliche Gesetze nicht geboten!—Denn bürgerliche Gesetze erstrecken sich nie über die grenzen ihres Staats. Und dieses würde nun gerade ausser den Grenzen aller und jeder Staaten liegen.—Folglich kann es nur ein Opus supererogatum sein: und es wäre bloss zu wünschen, dass sich die Weisesten und Besten eines jeden Staats diesem Operi superogato freiwillig unterzögen.

ERNST

Bloss zu wünschen; aber recht sehr zu wünschen.

FALK

Ich dächte! Recht sehr zu wünschen, dass es in jedem Staate Männer geben möchte, die über die Vorurteile des Völkerschaft hinweg wären und genau wüssten, wo Patriotismus Tugend zu sein aufhöret.

ERNST

Recht sehr zu wünschen!

FALK

Recht sehr zu wünschen, dass es in jedem Staate Männer geben möchte, die dem Vorurteile ihrer angebornen Religion nicht unterlägen; nicht glaubten, dass alles notwendig gut und wahr sein müsse, was sie für gut und wahr erkennen.

ERNST

Recht sehr zu wünschen!

FALK

Recht sehr zu wünschen, dass es in jedem Staate Männer geben möchte, welche bürgerliche Hoheit nicht blendet und bürgerliche Geringfügigkeit nicht ekelt; in deren Gesellschaft der Hohe sich gern herablässt und der Geringe sich dreist erhebet.

ERNST

Recht sehr zu wünschen!

FALK

Und wenn er erfüllt wäre, dieser Wunsch?

ERNST

Erfüllt?—Es wird freilich hier und da, dann und wann einen solchen Mann geben.

FALK

Nicht bloss hier und da; nicht bloss dann und wann.

ERNST

Zu gewissen Zeiten, in gewissen Ländern auch mehrere.

FALK

Wie, wenn es dergleichen Männer itzt überall gäbe? zu allen Zeiten nun ferner geben müsste?

ERNST

Wollte Gott!

FALK

Und diese Männer nicht in einer unwirksamen Zerstreuung lebten? nicht immer in einer unsichtbaren Kirche?

ERNST

Schöner Traum!

FALK

Dass ich es kurz mache.—Und diese Männer die Freimäurer wären?

ERNST

Was sagst du?

FALK

Wie, wenn es die Freimäurer wären, die sich mit zu ihrem Geschäfte gemacht hätten, jene Trennungen, wodurch die Menschen einander so fremd werden, so eng als möglich wieder zusammenzuziehen?

ERNST

Die Freimäurer?

FALK

Ich sage: mit zu ihrem Geschäfte.

ERNST

Die Freimäurer?

FALK

Ach! verzih!—Ich hatt' es schon wieder vergessen, dass du von den Freimäurern weiter nicht hören willst—Dort winkt man uns eben zum Frühstücke. Komm!

ERNST

Nicht doch!—Noch einen Augenblick!—Die Freimäurer, sagst du—

FALK

Das gespräch brachte mich wider Willen auf sie zurück. Verzeih!—Komm! Dort in der grössern Gesellschaft werden wir bald Stoff zu einer tauglichern Unterredung finden. Komm!

DRITTES GESPRÄCH

ERNST

Du bist mir den ganzen Tag im Gedränge der Gesellschaft ausgewichen. Aber ich verfolge dich in dein Schlafzimmer.

FALK

Hast du mir so etwas Wichtiges zu sagen? Der blossen Unterhaltung bin ich auf heute müde.

ERNST

Du spottest meiner Neugierde.

FALK

Deiner Neugierde?

ERNST

Die du diesen Morgen so meisterhaft zu erregen ,wusstest.

FALK

Wovon spachen wir diesen Morgen?

ERNST

Von den Freimäurern.

FALK

Nun?—Ich habe dir im Rausche des Pyrmonter doch nicht das Geheimnis verraten?

ERNST

Das man, wie du sagst, nicbt verraten kann.

FALK

Nun freilich; das beruhigt mich wieder.

ERNST

Aber du hast mir doch über die Freimäurer etwas gesagt, das mir unerwartet war; das mir auffiel; das mich denken rnachte.

FALK

Und was war das?

ERNST

0 quäle mich nicht!—Du erinnerst dich dessen gewiss.

FALK

Ja, es fällt mir nach und nach wieder ein.—Und das war es, was dich den ganzen langen Tag unter deinen Freunden und Freundinnen so abwesend machte?

ERNST

Das war es!—Und ich kann nicht einschlafen, wenn du mir wenigstens nicht noch eine Frage beantwortest.

FALK

Nach dem die Frage sein wird.

ERNST

Woher kannst du mir aber beweisen, wenigstens nur wahrscheinlich machen, dass die Freimäurer wirklich jene grosse und würdige Absichten haben?

FALK

Halbe ich dir von ihren Absichten gesprochen? lch wüsste nicht.— Sondern da du dir gar keinen Begriff von den wahren Taten der Freimäurer machen konntest, habe ich dich bloss auf einen Punkt aufmerksam machen wollen, wo noch so vieles geschehen kann, wovon sich unsere staatsklugen Köpfe gar nichts träumen lassen.—Vielleicht, dasz die Freimäurer da herum arheiten. Vielleicht!—da herum!—Nur um dir dein Vorurteil zu benehmen, dass alle baubedürftigen Plätze schon ausgefunden und besetzt, alle nötige Arbeiten schon unter die erforderlichen Hände verteilet wären.

ERNST

Wende dich itzt, wie du willst—Genug, ich denke mir nun aus deinen Reden die Freimâurer als Leule, die es freiwillig über sich genommen haben, den unvermeidlich en Uebeln des Staats entgegenzuarbeiten.

FALK

Dieser Begriff kann den Freimäurern wenigstens keine Schande machen.—Bleib dabei!—Nur fasse ihn recht. Menge nichts hinein, was nicht hineingehöret.—Den unvermeidlichen Uebeln des Staats!—Nicht dieses und jenes Staats. Nicht den unvermeidlichen Uebeln, welche, eine gewisse Staatsverfassung einmal angenommen, aus dieser angenommenen Staatsverfassung nun totwendig folgen. Mit diesen gibt sich der Freimäurer niemals ab; wenigstens nicht als Freimäurer. Die Linerung und Heilung dieser überlässt er dem Bürger, der sich nach seiner Einsicht, nach seinem Mute, auf seine Gefahr damit befassen mag. Uebel ganz andrer Art, ganz höherer Art sind der Gegenstand seiner Wirksamkeit.

ERNST

Ich habe das sehr wohl begriffen.—Night Uebel, welche den missvergnügten Bürger machen, sondern Uebel, ohne welche auch der glücklichste Bürger nicht ein kann.

FALK

Recht! Diesen entgegen—wie sagtest du?—entgegenzuarbeiten?

ERNST

Ja!

FALK

Das Wort sagt ein wenig viel.—Entgegenarbeiten!—Um sie völlig zu heben?—Das kann nicht sein. Denn man würde den Staat selbst mit ihnen zugleich vernichten.—Sie müssen nicht einmal denen mit eins merklich gemacht werden, die noch gar keine Empfindung davon haben. Höchstens diese Empfindung in dem Menschen von weitem veranlassen, ihr Aufkeimen begülnstigen, ihre Pflanzen versetzen, begäten beblatten— kann hier entgegenarbeiten heissen.—Begreifst du nun, warum ich sagte, ob die Freimäurer schon immer tätig wären, dass Jahrhunderte dennoch vergehen könnten, ohne dass.slch sagen lasse: das haben sie getan.

ERNST

Und verstehe auch nun den zweiten Zug des Rätsels—Gute Taten, welche gute Taten entbehrlich machen sollen.

FALK

Wohl!—Nun geh und studiere jene Uebel und lerne sie alle kennen und wäge all ihre Einflüsse gegeneinander ab, und sei versichert, dass dir dieses Studium Dinge aufschliessen wird, die in Tagen der Schwermut die niederschlagendsten, unauflöslichsten Einwürfe wider Vorsehung und Tugend zu sein scheinen. Dieser Aufschluss, diese Erleuchtung wird dich ruhig und glücklich machen—auch ohne Freimàurer zu heissen

ERNST

Du legest auf dieses heissen so viel Nachdruck.

FALK

Weil man etwas sein kann, ohne es zu heissen

ERNST

Gut das! ich versteh'—Aber auf meine Frage wieder zu kommen, die ich nur ein wenig anders einkleiden muss. Da ich sie doch nun kenne, die Uebel, gegen welcbe die Freimäurerei angehet.

FALK

Du kennest sie?

ERNST

Hast du mir sie nicht selbst genannt?

FALK

Icb habe dir einige zut Probe namhaft gemacht. Nur einige von denen, die auch dem kurzsichtigsten Auge einleuchten; nur einige von den unstreitigsten, weitumfassendsten.—Aber wie viele sind nicht noch übrig, die, ob sie schon nicht so einleuchten, nicht so unstreitig sind, nicht so viel umfassen, dennoch nicht weniger gewiss, nicht weniger notwendig sind!

ERNST

So lass mich meine Frage denn bloss auf diejeniten Stücke einschränken, die du mir selbst namhaft gemacht hast.—Wie beweisest du mir auch nur von diesen Stücken, dass die Freimäurer wirklich ihr Ahsehen darauf haben?—Du schweigst?—Du sinnest nach?

FALK

Wahrlich nicht dem, was ich auf diese Frage zu antworten hätte!—Aber ich weiss nicht, was ich mir für Ursachen denken so11, warum du mir diese Frage tust.

ERNST

Und du willst mir meine Frage beantworten, wenn ich dir die Ursachen derselben sage?

FALK

Das verspreche ich dir.

ERNST

Ich kenne und fürchte deinen Scharfsinn.

FALK

Meinen Scharfsinn?

ERNST

Ich fürchte, du verkaufst mir deine Spekulation für Tatsache.

FALK

Sehr verbunden!

ERNST

Be1eidiget dich das?

FALK

Vielmehr muss ich dir danken, dass du Scharfsinn nennest, was du ganz anders hättest benennen können.

ERNST

Gewiss nicht. Sondern ich weiss, wie leicht der Scharfsinnige sich selbst betriegt; wie leicht er andern Leuten Pläne und Absichten leihet und unterlegt, an die sie nie gedacht haben.

FALK

Aber woraus schliesst man auf der Leute Pläne und Absichten? Aus ihren einzeln Handlungen doch wohl?

ERNST

Woraus sonst?—Und hier bin ich wieder bei meiner Frage.—Aus welchen einzeln, unstreitigen Handlungen der Freimàurer ist abzunehmen, dass es auch nur mit ihr Zweck ist, jene von dir benannte Trennung, welche Staat und Staaten unter den Menschen notwendig machen müssen, durch sich und in sich wieder zu vereinigen?

FALK

Und zwar ohne Nachteil dieses Staats und dieser Staaten.

ERNST

Desto besser!—Es brauchen auch vielleicht nicht Handlungen zu sein, woraus jenes abzunehmen. Wenn es nur gewisse Eigentümlichkeiten, Besonderheiten sind, die dahin leiten oder daraus entspringen.—Von: dergleichen müsstest du sogar in deiner Spekulation ausgegangen sein; gesetzt, dass dein System nur Hypothese wäre.

FALK

Dein Misstrauen äussert sich noch.—Aber ich hoffe, es soll sich verlieren, wenn ich dir ein Grundgesetz der Freimäurer zu Gemüte führe.

ERNST

Und welches?

FALK

Aus welchem sie nie ein Geheimnis gemacht haben. Nach welchem sie immer vor den Augen der ganzen Welt gehandelt haben.

ERNST

Das ist?

FALK

Das ist, jeden würdigen Mann von gehöriger Anlage, ohne Unterschied des Vaterlandes, ohne Unterchied der Religion, ohne Unterschied seines bürgerlichen Standes in ihren Orden aufzunehmen.

ERNST

Wahrhaftig!

FALK

Freilich scheint dieses Grundgesetze dergleichen Männer, die über jene Trennungen hinweg sind, vielmehr bereits vorauszusetzen als die Absicht zu haben, sie zu bilden. Allein das Nitrum muss ja wohl in der Luft sein, ehe es sich als Salpeter an den Wänden anlegt.

ERNST

O ja!

FALK

Und warum sollten die Freimäurer sich nicht hier einer gewöhnlichen List haben bedienen dürfen?—Dass man einen Teil seiner geheimen Absichten ganz offenbar treibt, um den Argwohn irrezuführen, der immer ganz etwas anders vermutet, als er sieht.

ERNST

Warum nicht?

FALK

Warum sollte der Künstler, der Silber machen kann, nicht mit altem Bruchsilber handeln, damit man so weniger argwohne, dass er es machen kann?

ERNST

Warum nicht?

FALK

Ernst!—Hörst du mich?—Du antwortest im Traume, glaub' ich.

ERNST

Nein, Freund! Aber ich habe genug; genug auf diese Nacht. Morgen mit dem frühsten kehre ich wieder nach der Stadt.

FALK

Schon? Und warum so bald?

ERNST

Du kennst mich, und fragst? Wie lange dauert deine Brunnenkur noch?

FALK

Ich habe sie vorgestern erst angefangen.

ERNST

So sehe ich dich vor dem Ende derselben noch wieder.—Lebe wohl! gute Nacht!

FALK

Gute Nacht! lebe wohl!

9 789356 709324

Printed at Repro India Ltd.